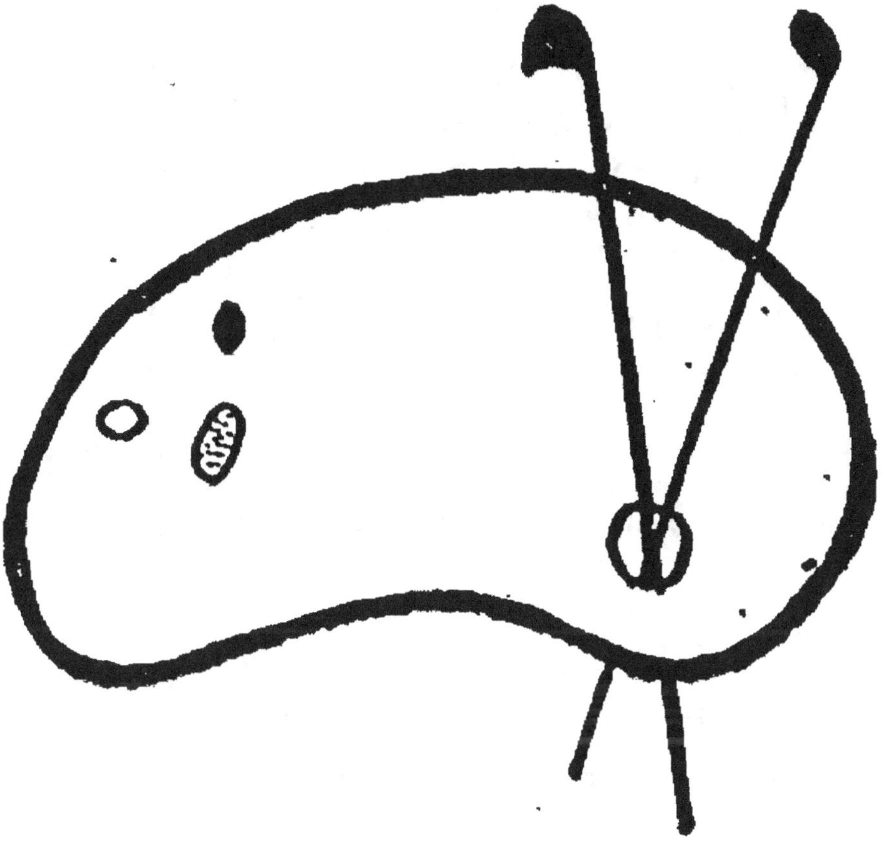

DEBUT D'UNE SERIE DE DOCUMENTS
EN COULEUR

22. MARS 1852

CATALOGUE

d'une vente
de

TABLEAUX

ANCIENS ET MODERNES,

Dessins, Gouaches, Miniatures et Fixés, d'Estampes
anciennes et modernes et Livres à figures,
ET

D'OBJETS DE CURIOSITÉ,

Bronzes, Marbres, Ivoires et bois sculptés, Pierres gravées,
Tapis d'Aubusson, etc.,

APRÈS LE DÉCÈS DE M. B*** [Baudicour]

DONT LA VENTE AURA LIEU

LES LUNDI 22, MARDI 23 ET MERCREDI 24 MARS 1852,

heure de midi,

HOTEL DES VENTES
RUE DES JEUNEURS, N. 42,

Salle n.

Par le ministère de M° **BONNEFONS DE LAVIALLE**,
Commissaire-Priseur, rue de Choiseul, n. 11,
Assisté de M. **ROUSSEL**, Expert, rue du Dragon, n. 33,
Et de M. **DEFER**, Expert, quai Voltaire, n. 21,

Chez lesquels se distribue le présent Catalogue.

EXPOSITION PUBLIQUE

Le Dimanche 21 Mars, de midi à cinq heures.

PARIS
IMPRIMERIE ET LITHOGRAPHIE DE MAULDE ET RENOU,
Rue des Fossés-St-Germain-l'Auxerrois, 11.

—

1852.

Exemplaire de Pr. de Baudicour

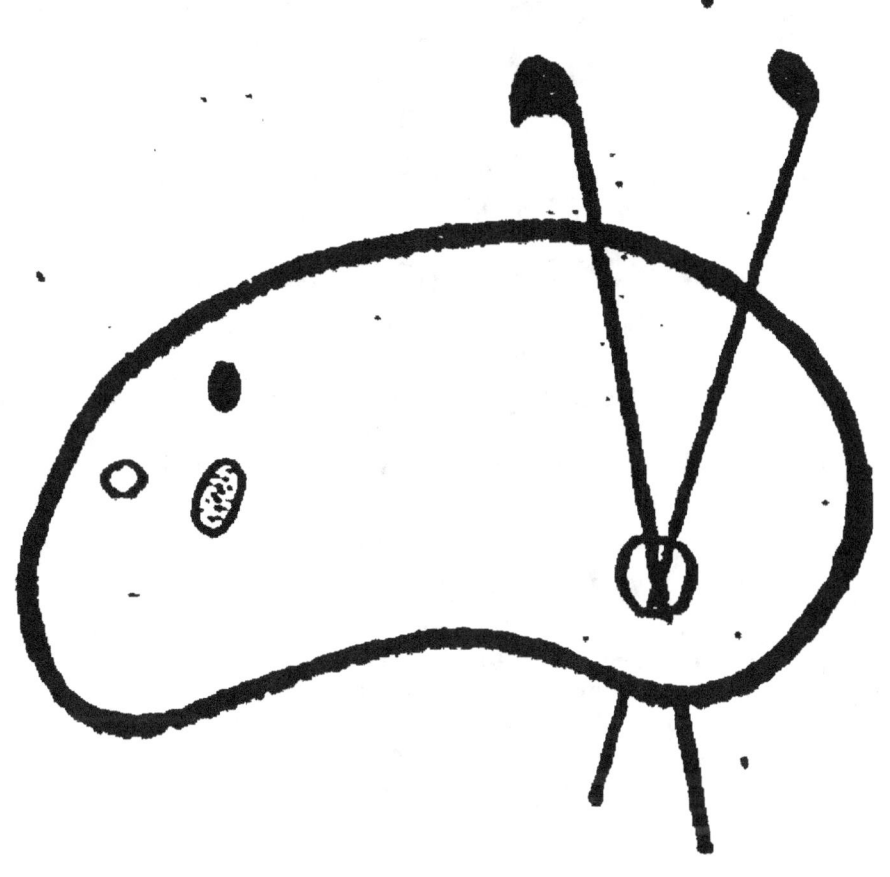

FIN D'UNE SERIE DE DOCUMENTS EN COULEUR

CATALOGUE

D'UNE VENTE

DE

TABLEAUX

ANCIENS ET MODERNES,

Dessins, Gouaches, Miniatures et Fixés, d'Estampes
anciennes et modernes et Livres à figures,

ET

D'OBJETS DE CURIOSITÉ,

Bronzes, Marbres, Ivoires et bois sculptés, Pierres gravées,
Tapis d'Aubusson, etc.,

APRÈS LE DÉCÈS DE M. B***,

DONT LA VENTE AURA LIEU

LES LUNDI 22, MARDI 23 ET MERCREDI 24 MARS 1852,

heure de midi,

HOTEL DES VENTES
RUE DES JEUNEURS, N. 42,
Salle n.

Par le ministère de M⁰ **BONNEFONS DE LAVIALLE**,
Commissaire-Priseur, rue de Choiseul, n. 11,
Assisté de M. **ROUSSEL**, Expert, rue du Dragon, n. 33,
Et de M. **DEFER**, Expert, quai Voltaire, n. 21,
Chez lesquels se distribue le présent Catalogue.

EXPOSITION PUBLIQUE
Le Dimanche 21 Mars, de midi à cinq heures.

PARIS
IMPRIMERIE ET LITHOGRAPHIE DE MAULDE ET RENOU,
Rue des Fossés St-Germain-l'Auxerrois, 14.

—

1852

ORDRE DES VACATIONS.

Le Lundi 22 Mars. Les Curiosités.
Le Mardi 23 Mars. Les Tableaux.
Le Mercredi 24 Mars. Les Estampes, Livres, Dessins, Miniatures, et le restant des Tableaux.

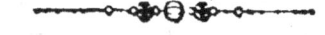

CONDITIONS DE LA VENTE.

Elle sera faite au comptant.
Les acquéreurs paieront cinq centimes par franc, en sus des adjudications applicables aux frais.

DÉSIGNATION

DES TABLEAUX.

École française.

1 — BOUCHER ET SON ÉCOLE. Deux très beaux dessus de portes représentant des nymphes voluptueusement couchées sur des nuages et entourées de fleurs. Ils sont richement bordés d'ornements sculptés en bois doré.

Deux dessus de glace, Amour jouant avec des guirlandes de fleurs, et Minerve enfant au milieu des attributs des arts et des sciences. Ces deux trumeaux sont richement entourés d'ornements sculpté en bois et doré ainsi que les bordures des glaces qui y sont jointes.

Deux autres dessus de portes et deux dessus de glace, représentant les arts libéraux, la Peinture, la Musique, la Sculpture et l'Architecture, ces quatre tableaux sont richement bordés d'ornements sculptés et les deux bordures des glaces qui y sont jointes sont très finement sculptés aussi, en bois doré.

Ces peintures et leurs encadrements d'une très grande richesse d'exécution ont orné les magnifiques appartements d'un grand hôtel situé à Paris, rue des Deux-Portes-Saint-Jean, 9, construit pour le fermier général *Bouronneau*.

2 — BOUCHER. L'Amour.

3 — BAUDOUIN. La lecture attachante.

4 — BOURDON (Sébastien). Moïse défendant les filles de Jethro contre les pasteurs de Matham.

5 — COYPEL. Diane au bain entourée de ses nymphes, dans un joli paysage. Bon tableau de ce maître.

6 — DETROYE. Danaë.

7 — DUPLESSIS. Marche de cavaliers.

8 — FRAGONARD (attribué à). Sujets allégoriques à l'Amour. Deux tableaux en pendant.

9 — GREUZE. Portrait d'un jeune enfant assis.

9 bis. Le Premier sacrifice à l'amour, signé *Greuze*, 1774.

10 — GREUZE (composition de). Jeune fille pleurant son oiseau.

11 — LARGILLIÈRE. Portrait d'une jeune fille caressant un chien.

12 — LOYR. L'Enlèvement d'Europe. Bon tableau de ce maître.

12 bis. LANCRET. L'Opéra, allégorie, peinte en grisaille.

13 — Oudry. Des oiseaux étrangers dans un paysage. Deux tableaux en forme de dessus de porte.
14 — Poussin (école de Nicolas). Les pèlerins d'Emaüs.
15 — Prud'hon (d'après). Le Christ en croix.
16 — Robert (d'après Léopold). La veuve.
17 — Roqueplan (d'après). Tête d'étude.
18 — Scheffer (d'après M. Ary). La liseuse.
19 — Tournière. Un peintre entouré d'une nombreuse famille.
20 — Vernet (Joseph). Un naufrage.
21 — Watteau de Lille. Danse champêtre.
22 — École française. La vendange. Gracieux tableau.
23 — École française. Vénus et l'Amour.
24 — — — Vulcain forgeant les armes de Mars.
25 — Têtes d'études et divers sujets d'après Greuze, Lepicié, Vanloo. Quatre tableaux. Cet article sera divisé.
26 — *Grisaille par Nattier.* Nymphes soufflant des bulles de savon.
27 — *École de Boucher.* Petite fille jouant avec des poissons.
28 — *Chardin* (attribué à). Un portrait de femme.
29 — *Genre de Greuze.* L'effroi. Tête de jeune fille.
30 — *École de Drouais.* Petite fille tenant un chat.
31 — *Sweback.* Un cheval à l'abreuvoir.

32 — *Du même.* Une charge de cavalerie.
33 — Brune et blonde, par *Sicardi.*
34 — Paysages. Deux tableaux par *Saint-George.*
34 bis. Plusieurs sujets par et d'après Le Baroche,
   J. Steen, Greuze, Molyn et autres, quinze
   tableaux qui seront vendus sous ce numéro.

École flamande et hollandaise.

35 — BERGHEM (signé). Paysage avec ruines,
   bergères et troupeaux.
36 — BOL (Ferdinand). Galilée dans sa prison.
37 — ALBERT CUYP (signé). Un cavalier.
38 — FRANCK. Sujet de l'ancien Testament. Deux
   tableaux sur bois.
39 — GÉRARD DOW (manière de). Un philosophe.
40 — DE HEM (Jean-David). Nature morte, fleurs,
   fruits, etc.
41 — HONDERCOTER (signé Michel). Deux lièvres
   et oiseaux morts. Bon tableau.
42 — JEAN FYT et VAN ARTOIS. Quatre chiens de
   chasse dans un paysage.
43 — LE DUC (Jean). Hommes de guerre parta-
   geant le butin.
44 — LIMBORCH. Deux portraits flamands réunis.
45 — MERCKENS. Sujet de la fable.
46 — REMBRANDT, 1656 (signé). Tête de Christ
   pleine de sentiment et vigoureusement
   touchée. Tableau sur bois cintré.

47 — REMBRANDT (école de). Jeune fille à mi-corps, elle tient un verre de la main droite.

48 — RUBENS. Des amours faisant la moisson ; le paysage par Van Uden. Bon tableau sur bois rappelant bien le maître auquel il est attribué.

49 — TENIERS (signé David). Teniers montrant son atelier à la duchesse d'Albe.

50 — TENIERS (manière de). Deux tableaux de Place, représentant des fêtes flamandes.

51 — *Teniers* (attribué à David). Fumeurs et buveurs.

52 — VAN DER POEL. Cour de ferme.

53 — VAN DYCK (école de). Une famille hollandaise. Un homme parle à une dame assise et avec eux deux petits enfants.

54 — WYNANTZ (signé). Paysage avec figures et animaux.

55 — ÉCOLE ALLEMANDE XVIe SIÈCLE. Christ mort. Composition peinte sur fond d'or.

56 — ÉCOLE FLAMANDE. Le portement de croix.

57 — ÉCOLE HOLLANDAISE. Adam et Ève dans le Paradis Terrestre.

58 — Trois grands paysages dont un de Winckbom. Cet article sera divisé.

59 — Deux sujets flamands, intérieur, par *Notlikins*.

60 — Deux sujets flamands, intérieur, par *Krauss*.

61 — Sujet flamand. Un forgeron à sa forge.

61 bis — Roméo et Juliette, par *Hermelein*, peintre allemand.

École italienne.

62 — ANDRÉ DEL SARTE (composition d'). Sainte-Famille. Tableau sur ancien panneau.

63 — ANNIBAL CARRACHE. Martyre de Saint André. Ovale sur cuivre.

64 — Jésus-Christ et la Madeleine.

64 bis. Saint-Jean.

65 — DANIEL DE VOLTERRE. Buste de Saint Jérôme en méditation.

66 — GAROFOLO. Un martyr. Bon tableau sur vieux panneaux.

67 — GIACOMO NANI (signé). Un lièvre et du gibier morts.

68 — GUIDO RENI. Christ en croix, et Dieu le père dans sa gloire.

69 — Christ en croix, cinq anges en adoration.

70 — JULES ROMAIN (composition de). La fuite en Egypte. La Sainte-Famille dans un bateau que conduisent deux bateliers.

71 — LE ROSSO. Les dieux de la fable. Compositions gravées par Caraglio. Suite de sept tableaux.

72 — MENGS Raphaël). Angélique et Médor.

73 — MICHEL-ANGE DES BATAILLES. Des fruits et fleurs sur une table. Deux tableaux de salle à manger.

74 — *Guaspre Poussin*. Grand et riche paysage avec épisode de la fuite en Égypte.

75 — RAPHAEL (d'après). La Vierge dite la Belle Jardinière.

75 bis. La Fornarina, sur ancien panneau.

76 — SALVATOR ROSA. Paysage d'un beau style, avec figures.

77 — TITIEN (école de). La Madeleine pénitente dans le désert.

77 bis. Vénus grondant l'Amour.

78 — TITIEN. Portrait d'un personnage vénitien, il est frappant de vérité et d'une conservation parfaite.

79 — VELASQUEZ. Portrait d'une dame de distinction. Tableau agréable.

80 — DU MÊME. Portrait du prince Louis des Asturies.

80 bis. CORRÈGE (attribué au). Lucrèce.

80 ter. GUERCHIN. Sainte Cécile.

81 — ZUCCHERO (Thadée). Procession sainte sous le pontificat de Nicolas V, pour faire cesser une peste qui dévastait Rome.
DU MÊME. Miracle de la neige sous le pontificat du pape.....?
Deux bons tableaux sur cuivre. Ils viennent de la collection *Mareschalchi*.

82 — ECOLE ESPAGNOLE.. Jésus montré au peuple; Jésus devant Pilate; Jésus portant sa croix; Jésus mis sur la croix.

83 — ECOLE PRIMITIVE ITALIENNE. Plusieurs tableaux, sujets de saintetés, vierges, etc. peints sur fond d'or, et autres sujets par des

peintres italiens aux xv° et xvi° siècles. 36 Tableaux sur bois et sur toile, venant d'Italie. Cet article sera divisé.

83 bis. PERUZZI (Balthazard). L'Adoration des Rois; peint sur vieux panneau.

84 — Vierges de style italien et bysantin, deux tableaux.

85 — La Marchande d'amour, copie d'une peinture d'Herculanum.

86 — GOTHIQUE RUSSE. Vierge et Enfant-Jésus dans un paysage, peinture sur cuivre très-fine et parfaitement conservée.

87 — Trois tableaux italiens, saint François, saint Charles et un Martyr.

88 — INCONNUS. Deux Paysages peints sur bois.

89 — Deux tableaux représentant des scènes de pantomimes d'Arlequin et de Colombine.

90 — La Vierge et l'Enfant-Jésus, sur cuivre.

91 — Un Tableau allégorique, dessus de glace.

92 — Un Tableau trompe l'œil.

93 — Un Enfant blessé à la tête d'un coup de pierre.

94 — Trois études d'ânes et de bœufs.

95 — Episode de la campagne de Russie : un cuirassier secouru par une vivandière.

95 bis. Grand paysage, par *Schmidt*, peintre de Murat, roi de Naples.

96 — Sommeil d'Endymion.

97 — Un vieux Philosophe, grisaille.

98 — Quatre sujets saints, l'Annonciation, la Nativité du Christ, etc.

99 — Sujet tiré d'une comédie anglaise. Camaïeux.

100 — Dessus de porte, grisaille. Les œuvres d'Homère.

100 bis. Paysage. Repos de chasse, attribué à Claude le Lorrain.

MINIATURES, FIXÉS, GOUACHES, DESSINS, ETC.

101 — Une Dame de la cour de Louis XIV représentée en Diane. Médaillon de cuivre.

102 — Six miniatures, d'après Prud'hon, Fanchon la vielleuse, Bouquet de fleurs, etc., plus deux cadres en cuivre. Cet article sera divisé.

103 — Trois miniatures, Jeune grecque, Ninon de l'Enclos, etc.

104 — Trois tabatières avec miniature et fixé, deux sont doublés en or. Trois lots.

105 — Douze petits portraits de personnages du temps de Louis XIII et Louis XIV, médaillons peints sur cuivre.

106 — Quatre miniatures, Vénus couchée et Satyre, Erigone, etc.

107 — Très jolie miniature précieusement exécutée, la Vierge et l'Enfant-Jésus, dans un étui maroquin.

108 — Quatorze miniatures, portraits d'hommes et de femmes du xviii° siècle. Cet article sera divisé.
109 — Dix fixés, paysages et marines, par et d'après J. Vernet, Bertin, Sueback, Migliara, etc. Cet article sera divisé.
110 — Quatre anciennes miniatures de missel sur vélin.
111 — FRAGONARD (Honoré). Etudes d'après des tableaux et sculptures d'Italie, quarante-deux dessins à la sanguine, plus trois dessins par Hue, etc.
112 — Deux dessins de Clerisseau, temple d'Athènes, vues d'Italie, etc., six dessins.
113 — Quatre pastels et aquarelles, saint Jean et Montcade d'après Van-Dyck.
114 — Gouaches, pastels, dessins, par et d'après Boucher, Greuze, Mallet, etc. Miniatures italiennes, éventails, fixés, etc., 26 pièces. Cet article sera divisé.
115 — Une gouache, composition de Fragonard.
116 — Vue du Pont-Neuf à Paris, dessin à la plume attribué à *Callot*.
117 — GIBELIN, 1766. Melchisedec apportant la dime; grand dessin à la sanguine.
118 — INCONNU. Philoctète dans l'île de Samos, dessin au crayon.

ESTAMPES ENCADRÉES ET EN FEUILLES.

119 — Les grandes batailles d'Alexandre, par G. *Audran* et *Edelinck*.

120 — L'instruction paternelle, le saint Florentin, le marquis de Marigny, avant l'adresse, mort de Marc-Antoine. Quatre estampes par Wille, belles épreuves. Deux lots.

121 — Ceyx et Alcione, et Céladon et Amélie Niobé, etc. Trois pièces par *Woollett*.

122 — La Vierge à la Chaise, d'après Raphaël par *Garavaglia*, belle épreuve.

123 — La Vierge de la Maison d'Orléans d'après Raphaël, par *M. Forster*.
Les trois Graces d'après Raphaël, par *M. Forster*.

124 — Portrait de Raphaël d'après ce maître, par *M. Forster*.

125 — Sainte Appolline d'après Raphaël, par Bein, et Laure par Bridoux, d'après Simon Memmi.

126 — Vierge, Beatrice Cenci, sainte Cécile, sainte Magdeleine, d'après C. Dolci, Sasso Ferrato, Corrège, etc., par Biondi sous la direction de *Morghen*.

127 — Portrait de Raphaël et la Fornarina, et diverses compositions de vierge d'après ce maître, gravées par Biondi élève de *Morghen*, plusieurs avant la lettre. Cet article sera divisé.

128 — Le masque de Napoléon, par *Calamata*.

129 — La grande duchesse de Toscane, la princesse Baciochi, avec autographe de Morghen ; la peste dite *il morbetto*, d'après un dessin

de Raphaël, trois pièces rares avant la lettre, par *Morghen*, la dernière inédite.

130 — Diverses gravures anciennes d'après Wouvermans et autres maîtres.

131 — Diverses estampes par Edelinck, Beauvarlet, Callot, Strange.

132 — Vingt-trois pièces d'après Raphaël.

133 — Cinquante-cinq pièces fac-similé de dessins de grands maîtres, plusieurs de ceux publiés par la calcographie du musée du Louvre. Deux lots.

134 — Quarante-deux pièces à l'eau-forte par des peintres français, Bourdon, La Hyre, Bon Boulogne, Lefèvre, etc., etc. Quatre lots.

135 — Cent vingt-neuf pièces d'après des maîtres de l'école d'Italie, Carrache, Baroche, Corrège, Guerchin, etc. Cinq lots.

136 — Le ravissement de saint Paul, d'après N. Poussin, par Pesne, belle épreuve du 1ᵉʳ état.

137 — Les sept Sacrements, d'après le Poussin, par Pesne.

138 — Des paysages et diverses compositions de N. Poussin, par Baudet, Audran, Pesne, etc. Dix-neuf pièces, deux lots.

139 — Soixante-cinq estampes d'après Coypel, Lancret, Bouchardon et autres peintres français. Cinq lots.

140 — Quatre-vingt-dix-huit pièces d'après des maîtres allemands et flamands, costumes, portraits, etc. Deux lots.

141 — Fiquet. Son œuvre en cinquante-trois portraits de personnages français, très belles épreuves dont plusieurs rares, tels que le Bossuet non terminé, le Louis XV, etc.

142 — Du même. Molière, d'après Mignard, rare épreuve avant la lettre.

143 — Du même. Crebillon, Fénelon, J.-J. Rousseau et Lamothe Levayer, quatre portraits, épreuves avant la lettre.

144 — Du même. Lafontaine, Corneille, Rousseau, Fénelon, Descartes, Voltaire, J.-B. Rousseau, Regnard, Montaigne, Louis XV, etc. Dix-neuf portraits, très-belles épreuves, deux lots.

145 — Treize portraits par Drevet, Edelinck, Poilly, Vanschuppen et Wille, dont ceux de Louis XIV, de Boileau, etc., anciennes épreuves.

146 bis. La Galerie du Luxembourg, d'après Rubens. Belles épreuves avant les numéros.

146 — Prud'hon. Dix-huit gravures et lithographies d'après ce maître.

147 — Suite de dix-huit eaux-fortes par Tony Johannot, épreuve avant la lettre sur papier de Chine.

148 — Dix eaux-fortes d'après Decamp, par Marvy et autres artistes.

149 — Quinze estampes encadrées, les batailles d'Alexandre, par *Jean et Benoit Audran*, paysages par *W. Woollett*, manière noire par *Green*, etc. Cet article sera divisé.

150 — Neuf gravures et aquarelles, dont deux vues anciennes de Paris. Cet article sera divisé.

151 — Treize estampes encadrées, dont la Bataille d'Austerlitz, Socrate, d'après David, sacre de Louis XVI, mort de Montcalm, et divers portraits. Cet article sera divisé.

152 — Douze gravures à l'aquatinte et lithographies d'après *Rembrandt, Rubens*, etc.

LIVRES A FIGURES.

153 — Monument de Ninive découvert et décrit par M. P. E. Botta, mesuré et dessiné par E. Flandin, Paris, de l'imprimerie royale, 4 vol. gr. in-fol., fig., en livraisons.

153 bis. — Voyage en Abyssinie exécuté pendant les années 1839 à 1843 par une commission scientifique. Publié par ordre du gouvernement. *Paris*, Arthus Bertrand, 5 vol. in-8 cart., et Atlas en 12 liv. in-fol., figures coloriées.

154 — Peintures de l'église de Saint-Savin, département de la Vienne. Texte par M. Mérimée, dessins par M. Gerard-Seguin, lithographie en couleur par Engelman. Paris, de l'imprimerie royale, 1845, liv. 3, gr. in-fol. et texte in-fol.

155 — Statistique monumentale de Paris, cartes, plans et dessins par Albert Lenoir, pu-

bliée par les soins du ministre de l'instruction publique, 23 liv. in-fol., fig.

156 — Monographie de la cathédrale de Chartres. Architecture, sculpture d'ornement et peinture sur verre, par Lassus, statuaire, et peinture sur mur par Amaury-Duval. Texte descriptif par Didron. Paris, de l'imprimerie royale, 1842, gr. in-fol., fig., en livraisons.

157 — Monographie de l'église de Notre-Dame de Noyon. Plans, coupes, élévations et détails levés, mesures, et dessinés par D. Ramée. Texte par M. Vitet. Paris, de l'imprimerie royale, 1845, in-fol.

158 — Ornements du moyen-âge, par Ovide Reynard, 30 liv. in-fol.

159 — Moyen-âge monumental et archéologique; lithographies d'après les dessins de M. Chapuis. Paris, Hauser, 1841, 38 liv. in-fol.

160 — Sept volumes in-4, dont les œuvres de Clément Marot.

161 — *Bordures dorées*, *portefeuilles* et tous les articles omis.

OBJETS DE CURIOSITÉ

Bronzes, Marbres, Ivoires et Bois sculptés, Émaux,
Pierres gravées, etc.

Bronzes.

162 — Deux bas-reliefs, représentant l'un l'élévation de Pharamon et l'autre une bataille.
163 — Le buste de Henri IV, sur piédestal.
164 — Joli petit groupe, enfant jouant avec un chien.
165 — Plat en cuivre repoussé et argenté. Travail allemand.
166 — Groupe, deux enfants, les dénicheurs d'oiseaux.
167 — Un baigneur, statuette du XVIe siècle.
168 — Autre statuette, Hercule debout.
169 — Médaillon avec portrait en bas-relief de Michel Bazin.
170 — Enfant tenant des raisins, médaillon bas-relief d'après Guay.
171 — Quatre cadres en bronze doré.
172 — Bacchante dans l'ivresse, d'après Marin.
173 — L'Annonciation, bas-relief, par Paul Ponce.
174 — Apollon et une muse, applique.

175 — Statuette d'Esculape assis.
176 — Douze médaillons avec bas-relief, de diverses formes et grandeurs.
177 — Le buste de Louis-Philippe.
178 — Coupe en bronze avec bas-relief, l'Enlèvement des Sabines, d'après la coupe de la Bibliothèque.
179 — Quatre coupes rondes en métal chinois.
180 — Quatre médaillons ovales, avec sujets romains en bas-reliefs.
181 — Un buste de négresse.
182 — Huit médaillons représentant divers sujets de sainteté.
183 — Petite statue de Diane, bronze italien doré.
184 — Un serpent, très bien ciselé.
185 — Bas-relief représentant Bonaparte au Saint-Bernard.
186 — Bas-relief représentant le Jugement de Pâris.
187 — Bas-relief en plomb, Alexandre dans un char.
188 — Médaillon en fonte de fer, Amour sur un dauphin.
189 — Un coffret en fer tout uni.
190 — Vase à couvercle en métal, orné d'arabesques très fines du XVIe siècle.

Bois et Ivoires sculptés.

191 — Bas-relief rond en ivoire, sujet mythologique, provenant de la collection de M. Debruge.

192 — Trophée d'armes, bas-relief en bois.
193 — Joli buste en ivoire de Diane de Poitiers, sur piédestal en bois.
194 — Deux bas-reliefs en ivoire, la Chasse au cerf et la Chasse au renard, provenant de la collection Debruge.
195 — Beau Christ en ivoire dans son cadre en bois doré.
196 — Bas-relief en ivoire, sujet de chasse.

Marbres et Matières diverses.

197 — Deux petits bustes d'empereurs romains en marbre noir, avec chlamides en albâtre.
197 bis. Torse de jeune Faune ; marbre grec d'un beau style. Il est vu jusqu'au dessous des genoux.
197 ter. Autre torse en marbre blanc, un peu moins grand.
198 — Buste d'homme en marbre de Paros. Travail antique.
199 — Canope à tête humaine, en marbre rouge antique.
200 — Mufle de lion en marbre blanc.
201 — Bas-relief en albâtre de Lagny, XVI° siècle.
202 — Modèle du tombeau de Scipion en porcelaine.
203 — Mosaïque de Rome, représentant un chardonneret.
204 — Autre mosaïque représentant un grec armé de son fusil.

205 — Mosaïque de Florence, un enfant sur un tigre.
206 — Deux mosaïques de Florence, sujets divers.
207 — Cent soixante-treize cornalines et sardoines.
208 — Quatre-vingt-huit onyx d'Allemagne.
209 — Vingt-six plaques d'agate et cornalines.
210 — Trente-six pierres diverses.

Pierres gravées.

211 — Tête de Néron, camée sur corail.
212 — Deux bustes de femmes, camées du XVI° siècle, sur sardoine à deux couches.
213 — Buste de Louis XVI, camée sur sardoine à deux couches.
214 — Buste de Diane, sur sardoine à deux couches.
215 — Tête d'Hercule jeune lauré, camée sur sardoine à deux couches.
216 — Petite tête de femme, camée à deux couches.
216 bis. Un Couc assyrien, deux pierres gravées persanne et une bague du XIV° siècle.
217 — Divers camées et entailles sur matières variées.

Objets divers.

218 — Pied de reliquaire du XV° siècle, orné d'écusson émaillé sur argent.

219 — Joli reliquaire en cristal de roche, monté en argent.
220 — Grandes boucles d'oreilles italiennes en argent doré, xv° siècle.
221 — Deux jolies coupes en bronze doré.
222 — Cyrènes portant des coquilles.
223 — Médaillon, le portrait de Napoléon, cuivre doré.
224 — Deux tasses et leurs soucoupes en porcelaine de Sèvres moderne, l'une verte et l'autre décorée de fleurs.
225 — Deux vases à fleurs en porcelaine moderne, avec sujets tirés de l'histoire de Psyché.
226 — Joli émail sur cuivre, le portrait de miss Sydons dans le rôle de Roméo et Juliette.
227 — Médaillon en émail de Limoges, Pyrame et Thisbé.
228 — Deux émaux, sujets d'après Boily.
229 — Bas-relief en biscuit bronzé, Bacchanal, d'après Claudion.
230 — Deux peintures chinoises sur verre, bouquet de fleurs.

SUPPLÉMENT AUX OBJETS DE CURIOSITÉ.

231 — Une statue en marbre d'une satyresse moitié femme moitié chèvre; elle tient un de ses enfants dans une peau de chèvre placé autour de son corps.

232 — Gladiateur combattant, grande statue en bronze, grandeur nature.
233 — Une Muse, statue en fonte.
234 — Trois grands vases grecs étrusques.
235 — Sardonix monté en bague d'or ; elle est parfaitement gravée, de style égyptien ; elle vient du Cabinet de M. Denon, n° 186 du Catalogne.
236 — Neuf pièces en ivoire, bas-reliefs, tête de Jupiter, Louis XVI, Marie-Antoinette, etc.
237 — Vingt pièces, camées, scarabée, agate, émaux égyptien, etc. Deux lots.
238 — Huit petits médaillons en mosaïque de Florence.
239 — Quatre émaux coloriés de Limoges, sainte Thérèse, saint Jean, etc., par Laudin et Nouaillier, émailleurs. Deux lots.
240 — Treize sujets et portraits peints sur émail. Cet article sera divisé.
241 — Un médaillon sur porcelaine et un médaillon famille des Bourbons. Deux pièces. Deux cires, etc.
242 — Un cabinet à dix-neuf tiroirs, en laque burgoté.
243 — Autre cabinet en laque, avec ornements en cuivre doré.
244 — Plaque carrée très ancienne, faïence italienne ; la Vierge et l'Enfant-Jésus.
245 — Deux vases, forme cornet, de Faenza, décoré de sujets historiques.

246 — Autre vase du même genre, peinture très fine.
247 — Plat historié; Énée abandonnant Carthage.
248 — Autre plat; Pyrame et Thisbé.
249 — Deux autres plats, même fabrique.
250 — Joli plat coquillé, orné d'arabesques en couleur; au fond, un buste de Néron.
251 — Joli plat, dessin en relief à reflets métalliques
252 — Petit plat à arabesques bleu sur fond blanc.
253 — Quatre tasses et soucoupes, porcelaine turque.
254 — Coupes en verre de Venise, pied élevé, torsade d'émail, espacée sur le fond.
255 — Autre coupe du même genre.
256 — Plateau en verre filigrané.
257 — Coupe en verre bleuâtre.
258 — Trois vases en verre de Venise, forme singulière.
259 — Huit chinois en pierre de lare.
260 — Une cassolette, brûle-parfum, en bronze doré.
261 — Deux figures s'embrassant, petit groupe en bronze sur socle en porcelaine.
262 — Un bronze, marteau de porte.
263 — Cinq peintures sur porcelaines, d'après Girodet, Lancrenou, etc. Article à diviser.
264 — Deux émaux, Louis XIV et mademoiselle de La Vallière et le duc de Bourbon.
265 — Deux vases jardinières avec cartouches représentant des sujets de l'Amour et Psyché, et un plateau avec dessin de fleurs.

266 — Un lot de coquilles.
267 — Un tapis velouté Perse, de 2 m. 83 c. sur 1 m. 52 c.
268 — Un tapis velouté Perse, de 1 m. 98 c. sur 1 m. 13.
269 — Un tapis d'Aubusson ras, de 6 m. 45 c. sur 7 m. 15 c.
270 — Un tapis d'Aubusson à fond d'or, de 7 m. 25 c. sur 5 m. 65.
271 — Divers autres tapis seront vendus sous ce numéro.
272 — Les articles omis.

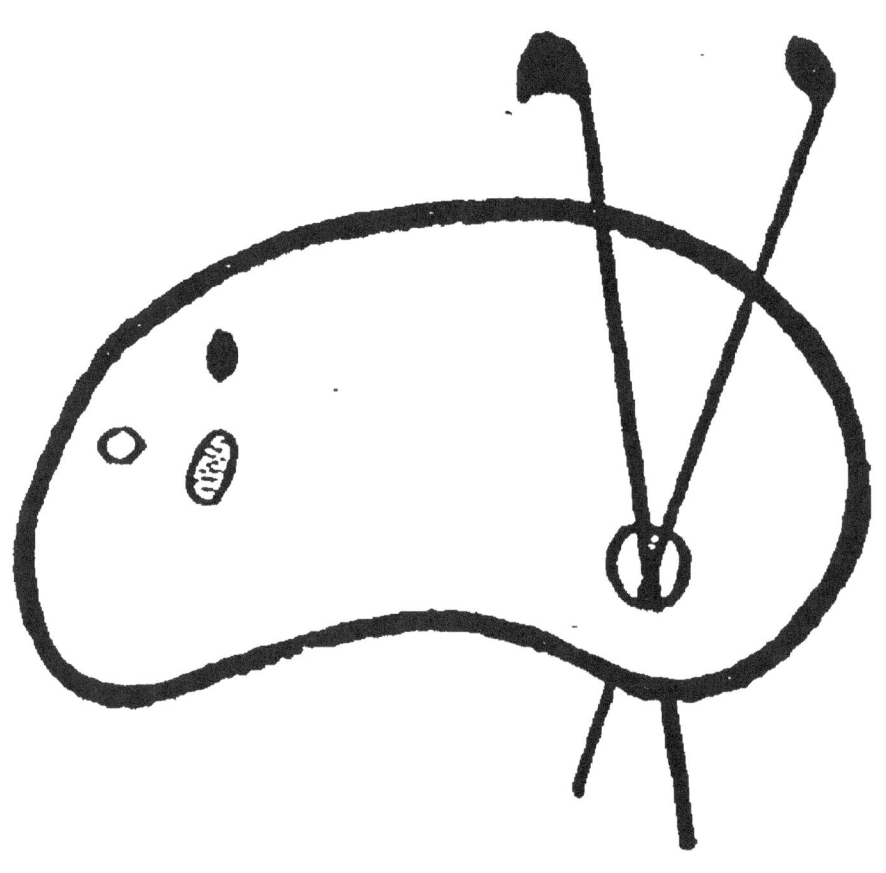

ORIGINAL EN COULEUR
NF Z 43-170-8

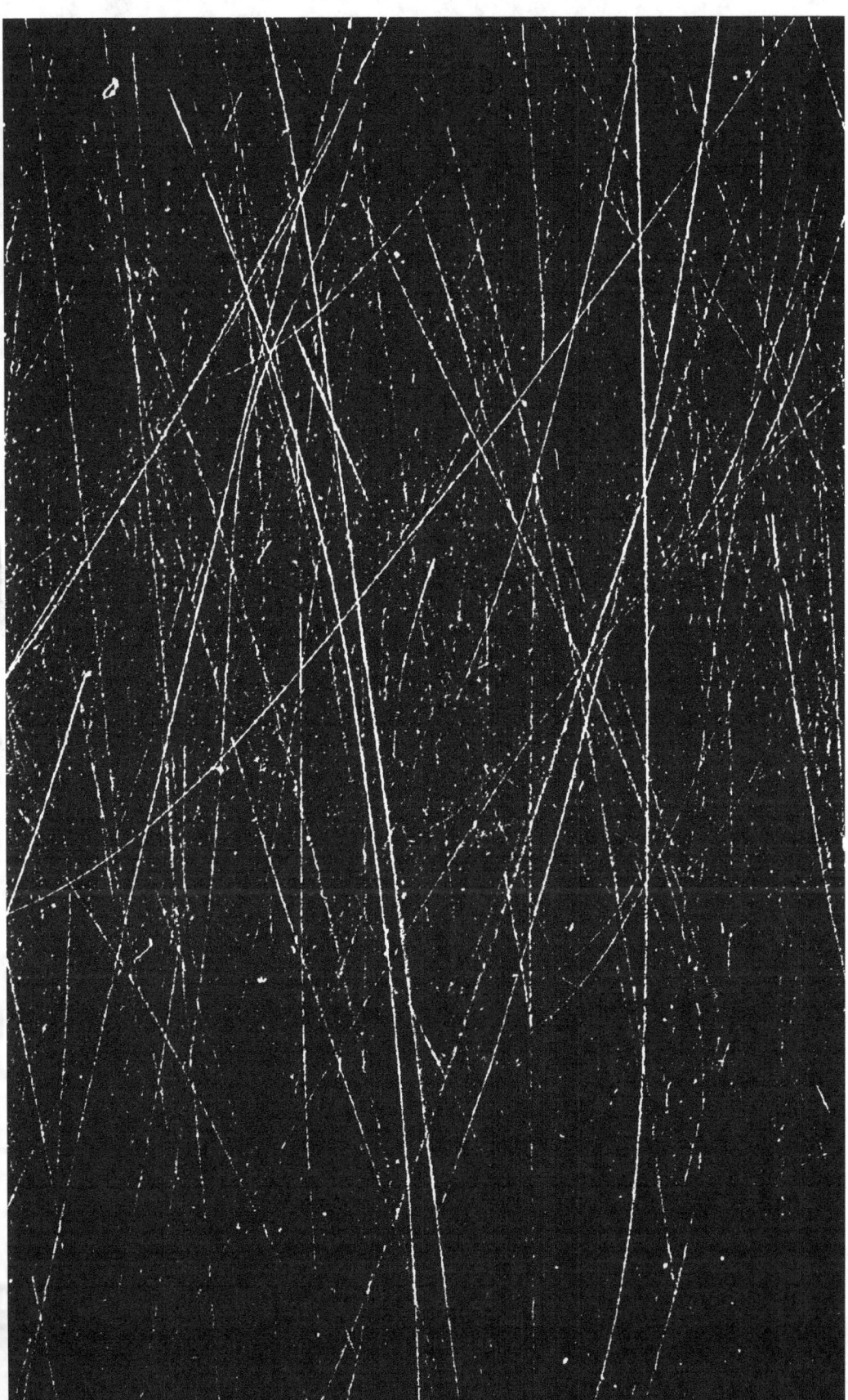

www.ingramcontent.com/pod-product-compliance
Lightning Source LLC
Chambersburg PA
CBHW030104230526

45471CB00003B/1249